Reservierungen
2020

_____

_____

Jahresüberblick

Januar	Februar	März	April	Mai	Juni
1 Mi Neujahr	1 Sa	1 So	1 Mi	1 Fr Tag der Arbeit	1 Mo Pfingstmontag
2 Do	2 So	2 Mo	2 Do	2 Sa	2 Di
3 Fr	3 Mo	3 Di	3 Fr	3 So	3 Mi
4 Sa	4 Di	4 Mi	4 Sa	4 Mo	4 Do
5 So	5 Mi	5 Do	5 So	5 Di	5 Fr
6 Mo	6 Do	6 Fr	6 Mo	6 Mi	6 Sa
7 Di	7 Fr	7 Sa	7 Di	7 Do	7 So
8 Mi	8 Sa	8 So	8 Mi	8 Fr	8 Mo
9 Do	9 So	9 Mo	9 Do	9 Sa	9 Di
10 Fr	10 Mo	10 Di	10 Fr Karfreitag	10 So	10 Mi
11 Sa	11 Di	11 Mi	11 Sa	11 Mo	11 Do
12 So	12 Mi	12 Do	12 So	12 Di	12 Fr
13 Mo	13 Do	13 Fr	13 Mo Ostermontag	13 Mi	13 Sa
14 Di	14 Fr	14 Sa	14 Di	14 Do	14 So
15 Mi	15 Sa	15 So	15 Mi	15 Fr	15 Mo
16 Do	16 So	16 Mo	16 Do	16 Sa	16 Di
17 Fr	17 Mo	17 Di	17 Fr	17 So	17 Mi
18 Sa	18 Di	18 Mi	18 Sa	18 Mo	18 Do
19 So	19 Mi	19 Do	19 So	19 Di	19 Fr
20 Mo	20 Do	20 Fr	20 Mo	20 Mi	20 Sa
21 Di	21 Fr	21 Sa	21 Di	21 Do Christi Himmelfahrt	21 So
22 Mi	22 Sa	22 So	22 Mi	22 Fr	22 Mo
23 Do	23 So	23 Mo	23 Do	23 Sa	23 Di
24 Fr	24 Mo	24 Di	24 Fr	24 So	24 Mi
25 Sa	25 Di	25 Mi	25 Sa	25 Mo	25 Do
26 So	26 Mi	26 Do	26 So	26 Di	26 Fr
27 Mo	27 Do	27 Fr	27 Mo	27 Mi	27 Sa
28 Di	28 Fr	28 Sa	28 Di	28 Do	28 So
29 Mi	29 Sa	29 So	29 Mi	29 Fr	29 Mo
30 Do		30 Mo	30 Do	30 Sa	30 Di
31 Fr		31 Di		31 So	

2020

Juli	August	September	Oktober	November	Dezember
1 Mi	1 Sa	1 Di	1 Do	1 So	1 Di
2 Do	2 So	2 Mi	2 Fr	2 Mo	2 Mi
3 Fr	3 Mo	3 Do	3 Sa *Tag der Dt. Einheit*	3 Di	3 Do
4 Sa	4 Di	4 Fr	4 So	4 Mi	4 Fr
5 So	5 Mi	5 Sa	5 Mo	5 Do	5 Sa
6 Mo	6 Do	6 So	6 Di	6 Fr	6 So
7 Di	7 Fr	7 Mo	7 Mi	7 Sa	7 Mo
8 Mi	8 Sa	8 Di	8 Do	8 So	8 Di
9 Do	9 So	9 Mi	9 Fr	9 Mo	9 Mi
10 Fr	10 Mo	10 Do	10 Sa	10 Di	10 Do
11 Sa	11 Di	11 Fr	11 So	11 Mi	11 Fr
12 So	12 Mi	12 Sa	12 Mo	12 Do	12 Sa
13 Mo	13 Do	13 So	13 Di	13 Fr	13 So
14 Di	14 Fr	14 Mo	14 Mi	14 Sa	14 Mo
15 Mi	15 Sa	15 Di	15 Do	15 So	15 Di
16 Do	16 So	16 Mi	16 Fr	16 Mo	16 Mi
17 Fr	17 Mo	17 Do	17 Sa	17 Di	17 Do
18 Sa	18 Di	18 Fr	18 So	18 Mi	18 Fr
19 So	19 Mi	19 Sa	19 Mo	19 Do	19 Sa
20 Mo	20 Do	20 So	20 Di	20 Fr	20 So
21 Di	21 Fr	21 Mo	21 Mi	21 Sa	21 Mo
22 Mi	22 Sa	22 Di	22 Do	22 So	22 Di
23 Do	23 So	23 Mi	23 Fr	23 Mo	23 Mi
24 Fr	24 Mo	24 Do	24 Sa	24 Di	24 Do
25 Sa	25 Di	25 Fr	25 So	25 Mi	25 Fr *1. Weihnachtstag*
26 So	26 Mi	26 Sa	26 Mo	26 Do	26 Sa *2. Weihnachtstag*
27 Mo	27 Do	27 So	27 Di	27 Fr	27 So
28 Di	28 Fr	28 Mo	28 Mi	28 Sa	28 Mo
29 Mi	29 Sa	29 Di	29 Do	29 So	29 Di
30 Do	30 So	30 Mi	30 Fr	30 Mo	30 Mi
31 Fr	31 Mo		31 Sa		31 Do

Mittwoch 1. Januar 2020

Name	Uhrzeit	Tisch	Personen	Telefonnr.	Sonstiges

Donnerstag 2. Januar 2020

Name	Uhrzeit	Tisch	Personen	Telefonnr.	Sonstiges

Freitag 3. Januar 2020

Name	Uhrzeit	Tisch	Personen	Telefonnr.	Sonstiges

Samstag 4. Januar 2020

Name	Uhrzeit	Tisch	Personen	Telefonnr.	Sonstiges

Sonntag 5. Januar 2020

Name	Uhrzeit	Tisch	Personen	Telefonnr.	Sonstiges

Montag 6. Januar 2020

Name	Uhrzeit	Tisch	Personen	Telefonnr.	Sonstiges

Dienstag 7. Januar 2020

Name	Uhrzeit	Tisch	Personen	Telefonnr.	Sonstiges

Mittwoch 8. Januar 2020

Name	Uhrzeit	Tisch	Personen	Telefonnr.	Sonstiges

Donnerstag 9. Januar 2020

Name	Uhrzeit	Tisch	Personen	Telefonnr.	Sonstiges

Freitag 10. Januar 2020

Name	Uhrzeit	Tisch	Personen	Telefonnr.	Sonstiges

Samstag 11. Januar 2020

Name	Uhrzeit	Tisch	Personen	Telefonnr.	Sonstiges

Sonntag 12. Januar 2020

Name	Uhrzeit	Tisch	Personen	Telefonnr.	Sonstiges

Montag 13. Januar 2020

Name	Uhrzeit	Tisch	Personen	Telefonnr.	Sonstiges

Dienstag 14. Januar 2020

Name	Uhrzeit	Tisch	Personen	Telefonnr.	Sonstiges

Mittwoch 15. Januar 2020

Name	Uhrzeit	Tisch	Personen	Telefonnr.	Sonstiges

Donnerstag 16. Januar 2020

Name	Uhrzeit	Tisch	Personen	Telefonnr.	Sonstiges

Freitag 17. Januar 2020

Name	Uhrzeit	Tisch	Personen	Telefonnr.	Sonstiges

Samstag 18. Januar 2020

Name	Uhrzeit	Tisch	Personen	Telefonnr.	Sonstiges

Sonntag 19. Januar 2020

Name	Uhrzeit	Tisch	Personen	Telefonnr.	Sonstiges

Montag 20. Januar 2020

Name	Uhrzeit	Tisch	Personen	Telefonnr.	Sonstiges

Dienstag 21. Januar 2020

Name	Uhrzeit	Tisch	Personen	Telefonnr.	Sonstiges

Mittwoch 22. Januar 2020

Name	Uhrzeit	Tisch	Personen	Telefonnr.	Sonstiges

Donnerstag 23. Januar 2020

Name	Uhrzeit	Tisch	Personen	Telefonnr.	Sonstiges

Freitag 24. Januar 2020

Name	Uhrzeit	Tisch	Personen	Telefonnr.	Sonstiges

Samstag 25. Januar 2020

Name	Uhrzeit	Tisch	Personen	Telefonnr.	Sonstiges

Sonntag 26. Januar 2020

Name	Uhrzeit	Tisch	Personen	Telefonnr.	Sonstiges

Montag 27. Januar 2020

Name	Uhrzeit	Tisch	Personen	Telefonnr.	Sonstiges

Dienstag 28. Januar 2020

Name	Uhrzeit	Tisch	Personen	Telefonnr.	Sonstiges

Mittwoch 29. Januar 2020

Name	Uhrzeit	Tisch	Personen	Telefonnr.	Sonstiges

Donnerstag 30. Januar 2020

Name	Uhrzeit	Tisch	Personen	Telefonnr.	Sonstiges

Freitag 31. Januar 2020

Name	Uhrzeit	Tisch	Personen	Telefonnr.	Sonstiges

Samstag 1. Februar 2020

Name	Uhrzeit	Tisch	Personen	Telefonnr.	Sonstiges

Sonntag 2. Februar 2020

Name	Uhrzeit	Tisch	Personen	Telefonnr.	Sonstiges

Montag 3. Februar 2020

Name	Uhrzeit	Tisch	Personen	Telefonnr.	Sonstiges

Dienstag 4. Februar 2020

Name	Uhrzeit	Tisch	Personen	Telefonnr.	Sonstiges

Mittwoch 5. Februar 2020

Name	Uhrzeit	Tisch	Personen	Telefonnr.	Sonstiges

Donnerstag 6. Februar 2020

Name	Uhrzeit	Tisch	Personen	Telefonnr.	Sonstiges

Freitag 7. Februar 2020

Name	Uhrzeit	Tisch	Personen	Telefonnr.	Sonstiges

Samstag 8. Februar 2020

Name	Uhrzeit	Tisch	Personen	Telefonnr.	Sonstiges

Sonntag 9. Februar 2020

Name	Uhrzeit	Tisch	Personen	Telefonnr.	Sonstiges

Montag 10. Februar 2020

Name	Uhrzeit	Tisch	Personen	Telefonnr.	Sonstiges

Dienstag 11. Februar 2020

Name	Uhrzeit	Tisch	Personen	Telefonnr.	Sonstiges

Mittwoch 12. Februar 2020

Name	Uhrzeit	Tisch	Personen	Telefonnr.	Sonstiges

Donnerstag 13. Februar 2020

Name	Uhrzeit	Tisch	Personen	Telefonnr.	Sonstiges

Freitag   14. Februar 2020

Name	Uhrzeit	Tisch	Personen	Telefonnr.	Sonstiges

Samstag   15. Februar 2020

Name	Uhrzeit	Tisch	Personen	Telefonnr.	Sonstiges

Sonntag   16. Februar 2020

Name	Uhrzeit	Tisch	Personen	Telefonnr.	Sonstiges

Montag 17. Februar 2020

Name	Uhrzeit	Tisch	Personen	Telefonnr.	Sonstiges

Dienstag 18. Februar 2020

Name	Uhrzeit	Tisch	Personen	Telefonnr.	Sonstiges

Mittwoch 19. Februar 2020

Name	Uhrzeit	Tisch	Personen	Telefonnr.	Sonstiges

Donnerstag 20. Februar 2020

Name	Uhrzeit	Tisch	Personen	Telefonnr.	Sonstiges

Freitag 21. Februar 2020

Name	Uhrzeit	Tisch	Personen	Telefonnr.	Sonstiges

Samstag   22. Februar 2020

Name	Uhrzeit	Tisch	Personen	Telefonnr.	Sonstiges

Sonntag 23. Februar 2020

Name	Uhrzeit	Tisch	Personen	Telefonnr.	Sonstiges

Montag 24. Februar 2020

Name	Uhrzeit	Tisch	Personen	Telefonnr.	Sonstiges

Dienstag 25. Februar 2020

Name	Uhrzeit	Tisch	Personen	Telefonnr.	Sonstiges

Mittwoch 26. Februar 2020

Name	Uhrzeit	Tisch	Personen	Telefonnr.	Sonstiges

Donnerstag 27. Februar 2020

Name	Uhrzeit	Tisch	Personen	Telefonnr.	Sonstiges

Freitag   28. Februar 2020

Name	Uhrzeit	Tisch	Personen	Telefonnr.	Sonstiges

Samstag   29. Februar 2020

Name	Uhrzeit	Tisch	Personen	Telefonnr.	Sonstiges

Sonntag   1. März 2020

Name	Uhrzeit	Tisch	Personen	Telefonnr.	Sonstiges

Montag 2. März 2020

Name	Uhrzeit	Tisch	Personen	Telefonnr.	Sonstiges

Dienstag 3. März 2020

Name	Uhrzeit	Tisch	Personen	Telefonnr.	Sonstiges

Mittwoch   4. März 2020

Name	Uhrzeit	Tisch	Personen	Telefonnr.	Sonstiges

Donnerstag 5. März 2020

Name	Uhrzeit	Tisch	Personen	Telefonnr.	Sonstiges

Freitag 6. März 2020

Name	Uhrzeit	Tisch	Personen	Telefonnr.	Sonstiges

Samstag   7. März 2020

Name	Uhrzeit	Tisch	Personen	Telefonnr.	Sonstiges

Sonntag   8. März 2020

Name	Uhrzeit	Tisch	Personen	Telefonnr.	Sonstiges

Montag   9. März 2020

Name	Uhrzeit	Tisch	Personen	Telefonnr.	Sonstiges

Dienstag 10. März 2020

Name	Uhrzeit	Tisch	Personen	Telefonnr.	Sonstiges

Mittwoch 11. März 2020

Name	Uhrzeit	Tisch	Personen	Telefonnr.	Sonstiges

Donnerstag   12. März 2020

Name	Uhrzeit	Tisch	Personen	Telefonnr.	Sonstiges

Freitag   13. März 2020

Name	Uhrzeit	Tisch	Personen	Telefonnr.	Sonstiges

Samstag   14. März 2020

Name	Uhrzeit	Tisch	Personen	Telefonnr.	Sonstiges

Sonntag   15. März 2020

Name	Uhrzeit	Tisch	Personen	Telefonnr.	Sonstiges

Montag   16. März 2020

Name	Uhrzeit	Tisch	Personen	Telefonnr.	Sonstiges

Dienstag 17. März 2020

Name	Uhrzeit	Tisch	Personen	Telefonnr.	Sonstiges

Mittwoch 18. März 2020

Name	Uhrzeit	Tisch	Personen	Telefonnr.	Sonstiges

Donnerstag   19. März 2020

Name	Uhrzeit	Tisch	Personen	Telefonnr.	Sonstiges

Freitag   20. März 2020

Name	Uhrzeit	Tisch	Personen	Telefonnr.	Sonstiges

Samstag   21. März 2020

Name	Uhrzeit	Tisch	Personen	Telefonnr.	Sonstiges

Sonntag   22. März 2020

Name	Uhrzeit	Tisch	Personen	Telefonnr.	Sonstiges

Montag   23. März 2020

Name	Uhrzeit	Tisch	Personen	Telefonnr.	Sonstiges

Dienstag 24. März 2020

Name	Uhrzeit	Tisch	Personen	Telefonnr.	Sonstiges

Mittwoch 25. März 2020

Name	Uhrzeit	Tisch	Personen	Telefonnr.	Sonstiges

Donnerstag   26. März 2020

Name	Uhrzeit	Tisch	Personen	Telefonnr.	Sonstiges

Freitag   27. März 2020

Name	Uhrzeit	Tisch	Personen	Telefonnr.	Sonstiges

Samstag   28. März 2020

Name	Uhrzeit	Tisch	Personen	Telefonnr.	Sonstiges

Sonntag 29. März 2020

Name	Uhrzeit	Tisch	Personen	Telefonnr.	Sonstiges

Montag   30. März 2020

Name	Uhrzeit	Tisch	Personen	Telefonnr.	Sonstiges

Dienstag 31. März 2020

Name	Uhrzeit	Tisch	Personen	Telefonnr.	Sonstiges

Mittwoch 1. April 2020

Name	Uhrzeit	Tisch	Personen	Telefonnr.	Sonstiges

Donnerstag   2. April 2020

Name	Uhrzeit	Tisch	Personen	Telefonnr.	Sonstiges

Freitag   3. April 2020

Name	Uhrzeit	Tisch	Personen	Telefonnr.	Sonstiges

Samstag   4. April 2020

Name	Uhrzeit	Tisch	Personen	Telefonnr.	Sonstiges

Sonntag   5. April 2020

Name	Uhrzeit	Tisch	Personen	Telefonnr.	Sonstiges

Montag   6. April 2020

Name	Uhrzeit	Tisch	Personen	Telefonnr.	Sonstiges

Dienstag 7. April 2020

Name	Uhrzeit	Tisch	Personen	Telefonnr.	Sonstiges

Mittwoch 8. April 2020

Name	Uhrzeit	Tisch	Personen	Telefonnr.	Sonstiges

Donnerstag   9. April 2020

Name	Uhrzeit	Tisch	Personen	Telefonnr.	Sonstiges

Freitag   10. April 2020

Name	Uhrzeit	Tisch	Personen	Telefonnr.	Sonstiges

Samstag   11. April 2020

Name	Uhrzeit	Tisch	Personen	Telefonnr.	Sonstiges

Sonntag   12. April 2020

Name	Uhrzeit	Tisch	Personen	Telefonnr.	Sonstiges

Montag   13. April 2020

Name	Uhrzeit	Tisch	Personen	Telefonnr.	Sonstiges

Dienstag 14. April 2020

Name	Uhrzeit	Tisch	Personen	Telefonnr.	Sonstiges

Mittwoch 15. April 2020

Name	Uhrzeit	Tisch	Personen	Telefonnr.	Sonstiges

Donnerstag   16. April 2020

Name	Uhrzeit	Tisch	Personen	Telefonnr.	Sonstiges

Freitag   17. April 2020

Name	Uhrzeit	Tisch	Personen	Telefonnr.	Sonstiges

Samstag   18. April 2020

Name	Uhrzeit	Tisch	Personen	Telefonnr.	Sonstiges

Sonntag   19. April 2020

Name	Uhrzeit	Tisch	Personen	Telefonnr.	Sonstiges

Montag   20. April 2020

Name	Uhrzeit	Tisch	Personen	Telefonnr.	Sonstiges

Dienstag 21. April 2020

Name	Uhrzeit	Tisch	Personen	Telefonnr.	Sonstiges

Mittwoch 22. April 2020

Name	Uhrzeit	Tisch	Personen	Telefonnr.	Sonstiges

Donnerstag   23. April 2020

Name	Uhrzeit	Tisch	Personen	Telefonnr.	Sonstiges

Freitag   24. April 2020

Name	Uhrzeit	Tisch	Personen	Telefonnr.	Sonstiges

Samstag   25. April 2020

Name	Uhrzeit	Tisch	Personen	Telefonnr.	Sonstiges

Sonntag   26. April 2020

Name	Uhrzeit	Tisch	Personen	Telefonnr.	Sonstiges

Montag 27. April 2020

Name	Uhrzeit	Tisch	Personen	Telefonnr.	Sonstiges

Dienstag 28. April 2020

Name	Uhrzeit	Tisch	Personen	Telefonnr.	Sonstiges

Mittwoch 29. April 2020

Name	Uhrzeit	Tisch	Personen	Telefonnr.	Sonstiges

Donnerstag   30. April 2020

Name	Uhrzeit	Tisch	Personen	Telefonnr.	Sonstiges

Freitag   1. Mai 2020

Name	Uhrzeit	Tisch	Personen	Telefonnr.	Sonstiges

Samstag   2. Mai 2020

Name	Uhrzeit	Tisch	Personen	Telefonnr.	Sonstiges

Sonntag   3. Mai 2020

Name	Uhrzeit	Tisch	Personen	Telefonnr.	Sonstiges

Montag   4. Mai 2020

Name	Uhrzeit	Tisch	Personen	Telefonnr.	Sonstiges

Dienstag 5. Mai 2020

Name	Uhrzeit	Tisch	Personen	Telefonnr.	Sonstiges

Mittwoch 6. Mai 2020

Name	Uhrzeit	Tisch	Personen	Telefonnr.	Sonstiges

Donnerstag   7. Mai 2020

Name	Uhrzeit	Tisch	Personen	Telefonnr.	Sonstiges

Freitag   8. Mai 2020

Name	Uhrzeit	Tisch	Personen	Telefonnr.	Sonstiges

Samstag 9. Mai 2020

Name	Uhrzeit	Tisch	Personen	Telefonnr.	Sonstiges

Sonntag   10. Mai 2020

Name	Uhrzeit	Tisch	Personen	Telefonnr.	Sonstiges

Montag   11. Mai 2020

Name	Uhrzeit	Tisch	Personen	Telefonnr.	Sonstiges

Dienstag 12. Mai 2020

Name	Uhrzeit	Tisch	Personen	Telefonnr.	Sonstiges

Mittwoch   13. Mai 2020

Name	Uhrzeit	Tisch	Personen	Telefonnr.	Sonstiges

Donnerstag   14. Mai 2020

Name	Uhrzeit	Tisch	Personen	Telefonnr.	Sonstiges

Freitag   15. Mai 2020

Name	Uhrzeit	Tisch	Personen	Telefonnr.	Sonstiges

Samstag   16. Mai 2020

Name	Uhrzeit	Tisch	Personen	Telefonnr.	Sonstiges

Sonntag   17. Mai 2020

Name	Uhrzeit	Tisch	Personen	Telefonnr.	Sonstiges

Montag   18. Mai 2020

Name	Uhrzeit	Tisch	Personen	Telefonnr.	Sonstiges

Dienstag 19. Mai 2020

Name	Uhrzeit	Tisch	Personen	Telefonnr.	Sonstiges

Mittwoch 20. Mai 2020

Name	Uhrzeit	Tisch	Personen	Telefonnr.	Sonstiges

Donnerstag   21. Mai 2020

Name	Uhrzeit	Tisch	Personen	Telefonnr.	Sonstiges

Freitag   22. Mai 2020

Name	Uhrzeit	Tisch	Personen	Telefonnr.	Sonstiges

Samstag 23. Mai 2020

Name	Uhrzeit	Tisch	Personen	Telefonnr.	Sonstiges

Sonntag 24. Mai 2020

Name	Uhrzeit	Tisch	Personen	Telefonnr.	Sonstiges

Montag   25. Mai 2020

Name	Uhrzeit	Tisch	Personen	Telefonnr.	Sonstiges

Dienstag 26. Mai 2020

Name	Uhrzeit	Tisch	Personen	Telefonnr.	Sonstiges

Mittwoch 27. Mai 2020

Name	Uhrzeit	Tisch	Personen	Telefonnr.	Sonstiges

Donnerstag   28. Mai 2020

Name	Uhrzeit	Tisch	Personen	Telefonnr.	Sonstiges

Freitag   29. Mai 2020

Name	Uhrzeit	Tisch	Personen	Telefonnr.	Sonstiges

Samstag 30. Mai 2020

Name	Uhrzeit	Tisch	Personen	Telefonnr.	Sonstiges

Sonntag   31. Mai 2020

Name	Uhrzeit	Tisch	Personen	Telefonnr.	Sonstiges

Montag   1. Juni 2020

Name	Uhrzeit	Tisch	Personen	Telefonnr.	Sonstiges

Dienstag 2. Juni 2020

Name	Uhrzeit	Tisch	Personen	Telefonnr.	Sonstiges

Mittwoch 3. Juni 2020

Name	Uhrzeit	Tisch	Personen	Telefonnr.	Sonstiges

Donnerstag 4. Juni 2020

Name	Uhrzeit	Tisch	Personen	Telefonnr.	Sonstiges

Freitag 5. Juni 2020

Name	Uhrzeit	Tisch	Personen	Telefonnr.	Sonstiges

Samstag   6. Juni 2020

Name	Uhrzeit	Tisch	Personen	Telefonnr.	Sonstiges

Sonntag   7. Juni 2020

Name	Uhrzeit	Tisch	Personen	Telefonnr.	Sonstiges

Montag   8. Juni 2020

Name	Uhrzeit	Tisch	Personen	Telefonnr.	Sonstiges

Dienstag 9. Juni 2020

Name	Uhrzeit	Tisch	Personen	Telefonnr.	Sonstiges

Mittwoch 10. Juni 2020

Name	Uhrzeit	Tisch	Personen	Telefonnr.	Sonstiges

Donnerstag   11. Juni 2020

Name	Uhrzeit	Tisch	Personen	Telefonnr.	Sonstiges

Freitag   12. Juni 2020

Name	Uhrzeit	Tisch	Personen	Telefonnr.	Sonstiges

Samstag 13. Juni 2020

Name	Uhrzeit	Tisch	Personen	Telefonnr.	Sonstiges

Sonntag   14. Juni 2020

Name	Uhrzeit	Tisch	Personen	Telefonnr.	Sonstiges

Montag   15. Juni 2020

Name	Uhrzeit	Tisch	Personen	Telefonnr.	Sonstiges

Dienstag 16. Juni 2020

Name	Uhrzeit	Tisch	Personen	Telefonnr.	Sonstiges

Mittwoch 17. Juni 2020

Name	Uhrzeit	Tisch	Personen	Telefonnr.	Sonstiges

Donnerstag 18. Juni 2020

Name	Uhrzeit	Tisch	Personen	Telefonnr.	Sonstiges

Freitag 19. Juni 2020

Name	Uhrzeit	Tisch	Personen	Telefonnr.	Sonstiges

Samstag 20. Juni 2020

Name	Uhrzeit	Tisch	Personen	Telefonnr.	Sonstiges

Sonntag   21. Juni 2020

Name	Uhrzeit	Tisch	Personen	Telefonnr.	Sonstiges

Montag   22. Juni 2020

Name	Uhrzeit	Tisch	Personen	Telefonnr.	Sonstiges

Dienstag 23. Juni 2020

Name	Uhrzeit	Tisch	Personen	Telefonnr.	Sonstiges

Mittwoch 24. Juni 2020

Name	Uhrzeit	Tisch	Personen	Telefonnr.	Sonstiges

Donnerstag   25. Juni 2020

Name	Uhrzeit	Tisch	Personen	Telefonnr.	Sonstiges

Freitag 26. Juni 2020

Name	Uhrzeit	Tisch	Personen	Telefonnr.	Sonstiges

Samstag 27. Juni 2020

Name	Uhrzeit	Tisch	Personen	Telefonnr.	Sonstiges

Sonntag 28. Juni 2020

Name	Uhrzeit	Tisch	Personen	Telefonnr.	Sonstiges

Montag   29. Juni 2020

Name	Uhrzeit	Tisch	Personen	Telefonnr.	Sonstiges

Dienstag 30. Juni 2020

Name	Uhrzeit	Tisch	Personen	Telefonnr.	Sonstiges

Mittwoch 1. Juli 2020

Name	Uhrzeit	Tisch	Personen	Telefonnr.	Sonstiges

Donnerstag   2. Juli 2020

Name	Uhrzeit	Tisch	Personen	Telefonnr.	Sonstiges

Freitag 3. Juli 2020

Name	Uhrzeit	Tisch	Personen	Telefonnr.	Sonstiges

Samstag   4. Juli 2020

Name	Uhrzeit	Tisch	Personen	Telefonnr.	Sonstiges

Sonntag 5. Juli 2020

Name	Uhrzeit	Tisch	Personen	Telefonnr.	Sonstiges

Montag   6. Juli 2020

Name	Uhrzeit	Tisch	Personen	Telefonnr.	Sonstiges

Dienstag 7. Juli 2020

Name	Uhrzeit	Tisch	Personen	Telefonnr.	Sonstiges

Mittwoch 8. Juli 2020

Name	Uhrzeit	Tisch	Personen	Telefonnr.	Sonstiges

Donnerstag   9. Juli 2020

Name	Uhrzeit	Tisch	Personen	Telefonnr.	Sonstiges

Freitag   10. Juli 2020

Name	Uhrzeit	Tisch	Personen	Telefonnr.	Sonstiges

Samstag   11. Juli 2020

Name	Uhrzeit	Tisch	Personen	Telefonnr.	Sonstiges

Sonntag   12. Juli 2020

Name	Uhrzeit	Tisch	Personen	Telefonnr.	Sonstiges

Montag   13. Juli 2020

Name	Uhrzeit	Tisch	Personen	Telefonnr.	Sonstiges

Dienstag 14. Juli 2020

Name	Uhrzeit	Tisch	Personen	Telefonnr.	Sonstiges

Mittwoch 15. Juli 2020

Name	Uhrzeit	Tisch	Personen	Telefonnr.	Sonstiges

Donnerstag   16. Juli 2020

Name	Uhrzeit	Tisch	Personen	Telefonnr.	Sonstiges

Freitag   17. Juli 2020

Name	Uhrzeit	Tisch	Personen	Telefonnr.	Sonstiges

Samstag   18. Juli 2020

Name	Uhrzeit	Tisch	Personen	Telefonnr.	Sonstiges

Sonntag   19. Juli 2020

Name	Uhrzeit	Tisch	Personen	Telefonnr.	Sonstiges

Montag   20. Juli 2020

Name	Uhrzeit	Tisch	Personen	Telefonnr.	Sonstiges

Dienstag 21. Juli 2020

Name	Uhrzeit	Tisch	Personen	Telefonnr.	Sonstiges

Mittwoch 22. Juli 2020

Name	Uhrzeit	Tisch	Personen	Telefonnr.	Sonstiges

Donnerstag   23. Juli 2020

Name	Uhrzeit	Tisch	Personen	Telefonnr.	Sonstiges

Freitag   24. Juli 2020

Name	Uhrzeit	Tisch	Personen	Telefonnr.	Sonstiges

Samstag 25. Juli 2020

Name	Uhrzeit	Tisch	Personen	Telefonnr.	Sonstiges

Sonntag 26. Juli 2020

Name	Uhrzeit	Tisch	Personen	Telefonnr.	Sonstiges

Montag   27. Juli 2020

Name	Uhrzeit	Tisch	Personen	Telefonnr.	Sonstiges

Dienstag 28. Juli 2020

Name	Uhrzeit	Tisch	Personen	Telefonnr.	Sonstiges

Mittwoch 29. Juli 2020

Name	Uhrzeit	Tisch	Personen	Telefonnr.	Sonstiges

Donnerstag   30. Juli 2020

Name	Uhrzeit	Tisch	Personen	Telefonnr.	Sonstiges

Freitag   31. Juli 2020

Name	Uhrzeit	Tisch	Personen	Telefonnr.	Sonstiges

Samstag   1. August 2020

Name	Uhrzeit	Tisch	Personen	Telefonnr.	Sonstiges

Sonntag 2. August 2020

Name	Uhrzeit	Tisch	Personen	Telefonnr.	Sonstiges

Montag   3. August 2020

Name	Uhrzeit	Tisch	Personen	Telefonnr.	Sonstiges

Dienstag 4. August 2020

Name	Uhrzeit	Tisch	Personen	Telefonnr.	Sonstiges

Mittwoch 5. August 2020

Name	Uhrzeit	Tisch	Personen	Telefonnr.	Sonstiges

Donnerstag   6. August 2020

Name	Uhrzeit	Tisch	Personen	Telefonnr.	Sonstiges

Freitag   7. August 2020

Name	Uhrzeit	Tisch	Personen	Telefonnr.	Sonstiges

Samstag   8. August 2020

Name	Uhrzeit	Tisch	Personen	Telefonnr.	Sonstiges

Sonntag   9. August 2020

Name	Uhrzeit	Tisch	Personen	Telefonnr.	Sonstiges

Montag   10. August 2020

Name	Uhrzeit	Tisch	Personen	Telefonnr.	Sonstiges

Dienstag 11. August 2020

Name	Uhrzeit	Tisch	Personen	Telefonnr.	Sonstiges

Mittwoch   12. August 2020

Name	Uhrzeit	Tisch	Personen	Telefonnr.	Sonstiges

Donnerstag   13. August 2020

Name	Uhrzeit	Tisch	Personen	Telefonnr.	Sonstiges

Freitag   14. August 2020

Name	Uhrzeit	Tisch	Personen	Telefonnr.	Sonstiges

Samstag   15. August 2020

Name	Uhrzeit	Tisch	Personen	Telefonnr.	Sonstiges

Sonntag   16. August 2020

Name	Uhrzeit	Tisch	Personen	Telefonnr.	Sonstiges

Montag   17. August 2020

Name	Uhrzeit	Tisch	Personen	Telefonnr.	Sonstiges

Dienstag 18. August 2020

Name	Uhrzeit	Tisch	Personen	Telefonnr.	Sonstiges

Mittwoch 19. August 2020

Name	Uhrzeit	Tisch	Personen	Telefonnr.	Sonstiges

Donnerstag 20. August 2020

Name	Uhrzeit	Tisch	Personen	Telefonnr.	Sonstiges

Freitag   21. August 2020

Name	Uhrzeit	Tisch	Personen	Telefonnr.	Sonstiges

Samstag 22. August 2020

Name	Uhrzeit	Tisch	Personen	Telefonnr.	Sonstiges

Sonntag   23. August 2020

Name	Uhrzeit	Tisch	Personen	Telefonnr.	Sonstiges

Montag   24. August 2020

Name	Uhrzeit	Tisch	Personen	Telefonnr.	Sonstiges

Dienstag 25. August 2020

Name	Uhrzeit	Tisch	Personen	Telefonnr.	Sonstiges

Mittwoch 26. August 2020

Name	Uhrzeit	Tisch	Personen	Telefonnr.	Sonstiges

Donnerstag   27. August 2020

Name	Uhrzeit	Tisch	Personen	Telefonnr.	Sonstiges

Freitag   28. August 2020

Name	Uhrzeit	Tisch	Personen	Telefonnr.	Sonstiges

Samstag   29. August 2020

Name	Uhrzeit	Tisch	Personen	Telefonnr.	Sonstiges

Sonntag   30. August 2020

Name	Uhrzeit	Tisch	Personen	Telefonnr.	Sonstiges

Montag   31. August 2020

Name	Uhrzeit	Tisch	Personen	Telefonnr.	Sonstiges

Dienstag 1. September 2020

Name	Uhrzeit	Tisch	Personen	Telefonnr.	Sonstiges

Mittwoch 2. September 2020

Name	Uhrzeit	Tisch	Personen	Telefonnr.	Sonstiges

Donnerstag   3. September 2020

Name	Uhrzeit	Tisch	Personen	Telefonnr.	Sonstiges

Freitag   4. September 2020

Name	Uhrzeit	Tisch	Personen	Telefonnr.	Sonstiges

Samstag 5. September 2020

Name	Uhrzeit	Tisch	Personen	Telefonnr.	Sonstiges

Sonntag   6. September 2020

Name	Uhrzeit	Tisch	Personen	Telefonnr.	Sonstiges

Montag   7. September 2020

Name	Uhrzeit	Tisch	Personen	Telefonnr.	Sonstiges

Dienstag 8. September 2020

Name	Uhrzeit	Tisch	Personen	Telefonnr.	Sonstiges

Mittwoch 9. September 2020

Name	Uhrzeit	Tisch	Personen	Telefonnr.	Sonstiges

Donnerstag   10. September 2020

Name	Uhrzeit	Tisch	Personen	Telefonnr.	Sonstiges

Freitag   11. September 2020

Name	Uhrzeit	Tisch	Personen	Telefonnr.	Sonstiges

Samstag   12. September 2020

Name	Uhrzeit	Tisch	Personen	Telefonnr.	Sonstiges

Sonntag   13. September 2020

Name	Uhrzeit	Tisch	Personen	Telefonnr.	Sonstiges

Montag   14. September 2020

Name	Uhrzeit	Tisch	Personen	Telefonnr.	Sonstiges

Dienstag 15. September 2020

Name	Uhrzeit	Tisch	Personen	Telefonnr.	Sonstiges

Mittwoch   16. September 2020

Name	Uhrzeit	Tisch	Personen	Telefonnr.	Sonstiges

Donnerstag 17. September 2020

Name	Uhrzeit	Tisch	Personen	Telefonnr.	Sonstiges

Freitag   18. September 2020

Name	Uhrzeit	Tisch	Personen	Telefonnr.	Sonstiges

Samstag   19. September 2020

Name	Uhrzeit	Tisch	Personen	Telefonnr.	Sonstiges

Sonntag 20. September 2020

Name	Uhrzeit	Tisch	Personen	Telefonnr.	Sonstiges

Montag   21. September 2020

Name	Uhrzeit	Tisch	Personen	Telefonnr.	Sonstiges

Dienstag 22. September 2020

Name	Uhrzeit	Tisch	Personen	Telefonnr.	Sonstiges

Mittwoch 23. September 2020

Name	Uhrzeit	Tisch	Personen	Telefonnr.	Sonstiges

Donnerstag   24. September 2020

Name	Uhrzeit	Tisch	Personen	Telefonnr.	Sonstiges

Freitag   25. September 2020

Name	Uhrzeit	Tisch	Personen	Telefonnr.	Sonstiges

Samstag   26. September 2020

Name	Uhrzeit	Tisch	Personen	Telefonnr.	Sonstiges

Sonntag 27. September 2020

Name	Uhrzeit	Tisch	Personen	Telefonnr.	Sonstiges

Montag   28. September 2020

Name	Uhrzeit	Tisch	Personen	Telefonnr.	Sonstiges

Dienstag 29. September 2020

Name	Uhrzeit	Tisch	Personen	Telefonnr.	Sonstiges

Mittwoch 30. September 2020

Name	Uhrzeit	Tisch	Personen	Telefonnr.	Sonstiges

Donnerstag   1. Oktober 2020

Name	Uhrzeit	Tisch	Personen	Telefonnr.	Sonstiges

Freitag   2. Oktober 2020

Name	Uhrzeit	Tisch	Personen	Telefonnr.	Sonstiges

Samstag 3. Oktober 2020

Name	Uhrzeit	Tisch	Personen	Telefonnr.	Sonstiges

Sonntag   4. Oktober 2020

Name	Uhrzeit	Tisch	Personen	Telefonnr.	Sonstiges

Montag 5. Oktober 2020

Name	Uhrzeit	Tisch	Personen	Telefonnr.	Sonstiges

Dienstag 6. Oktober 2020

Name	Uhrzeit	Tisch	Personen	Telefonnr.	Sonstiges

Mittwoch 7. Oktober 2020

Name	Uhrzeit	Tisch	Personen	Telefonnr.	Sonstiges

Donnerstag   8. Oktober 2020

Name	Uhrzeit	Tisch	Personen	Telefonnr.	Sonstiges

Freitag   9. Oktober 2020

Name	Uhrzeit	Tisch	Personen	Telefonnr.	Sonstiges

Samstag   10. Oktober 2020

Name	Uhrzeit	Tisch	Personen	Telefonnr.	Sonstiges

Sonntag   11. Oktober 2020

Name	Uhrzeit	Tisch	Personen	Telefonnr.	Sonstiges

Montag   12. Oktober 2020

Name	Uhrzeit	Tisch	Personen	Telefonnr.	Sonstiges

Dienstag 13. Oktober 2020

Name	Uhrzeit	Tisch	Personen	Telefonnr.	Sonstiges

Mittwoch 14. Oktober 2020

Name	Uhrzeit	Tisch	Personen	Telefonnr.	Sonstiges

Donnerstag 15. Oktober 2020

Name	Uhrzeit	Tisch	Personen	Telefonnr.	Sonstiges

Freitag   16. Oktober 2020

Name	Uhrzeit	Tisch	Personen	Telefonnr.	Sonstiges

Samstag   17. Oktober 2020

Name	Uhrzeit	Tisch	Personen	Telefonnr.	Sonstiges

Sonntag   18. Oktober 2020

Name	Uhrzeit	Tisch	Personen	Telefonnr.	Sonstiges

Montag   19. Oktober 2020

Name	Uhrzeit	Tisch	Personen	Telefonnr.	Sonstiges

Dienstag 20. Oktober 2020

Name	Uhrzeit	Tisch	Personen	Telefonnr.	Sonstiges

Mittwoch 21. Oktober 2020

Name	Uhrzeit	Tisch	Personen	Telefonnr.	Sonstiges

Donnerstag   22. Oktober 2020

Name	Uhrzeit	Tisch	Personen	Telefonnr.	Sonstiges

Freitag   23. Oktober 2020

Name	Uhrzeit	Tisch	Personen	Telefonnr.	Sonstiges

Samstag   24. Oktober 2020

Name	Uhrzeit	Tisch	Personen	Telefonnr.	Sonstiges

Sonntag   25. Oktober 2020

Name	Uhrzeit	Tisch	Personen	Telefonnr.	Sonstiges

Montag   26. Oktober 2020

Name	Uhrzeit	Tisch	Personen	Telefonnr.	Sonstiges

Dienstag 27. Oktober 2020

Name	Uhrzeit	Tisch	Personen	Telefonnr.	Sonstiges

Mittwoch 28. Oktober 2020

Name	Uhrzeit	Tisch	Personen	Telefonnr.	Sonstiges

Donnerstag   29. Oktober 2020

Name	Uhrzeit	Tisch	Personen	Telefonnr.	Sonstiges

Freitag   30. Oktober 2020

Name	Uhrzeit	Tisch	Personen	Telefonnr.	Sonstiges

Samstag 31. Oktober 2020

Name	Uhrzeit	Tisch	Personen	Telefonnr.	Sonstiges

Sonntag   1. November 2020

Name	Uhrzeit	Tisch	Personen	Telefonnr.	Sonstiges

Montag   2. November 2020

Name	Uhrzeit	Tisch	Personen	Telefonnr.	Sonstiges

Dienstag 3. November 2020

Name	Uhrzeit	Tisch	Personen	Telefonnr.	Sonstiges

Mittwoch 4. November 2020

Name	Uhrzeit	Tisch	Personen	Telefonnr.	Sonstiges

Donnerstag   5. November 2020

Name	Uhrzeit	Tisch	Personen	Telefonnr.	Sonstiges

Freitag   6. November 2020

Name	Uhrzeit	Tisch	Personen	Telefonnr.	Sonstiges

Samstag   7. November 2020

Name	Uhrzeit	Tisch	Personen	Telefonnr.	Sonstiges

Sonntag   8. November 2020

Name	Uhrzeit	Tisch	Personen	Telefonnr.	Sonstiges

Montag   9. November 2020

Name	Uhrzeit	Tisch	Personen	Telefonnr.	Sonstiges

Dienstag 10. November 2020

Name	Uhrzeit	Tisch	Personen	Telefonnr.	Sonstiges

Mittwoch 11. November 2020

Name	Uhrzeit	Tisch	Personen	Telefonnr.	Sonstiges

Donnerstag   12. November 2020

Name	Uhrzeit	Tisch	Personen	Telefonnr.	Sonstiges

Freitag   13. November 2020

Name	Uhrzeit	Tisch	Personen	Telefonnr.	Sonstiges

Samstag   14. November 2020

Name	Uhrzeit	Tisch	Personen	Telefonnr.	Sonstiges

Sonntag   15. November 2020

Name	Uhrzeit	Tisch	Personen	Telefonnr.	Sonstiges

Montag   16. November 2020

Name	Uhrzeit	Tisch	Personen	Telefonnr.	Sonstiges

Dienstag 17. November 2020

Name	Uhrzeit	Tisch	Personen	Telefonnr.	Sonstiges

Mittwoch   18. November 2020

Name	Uhrzeit	Tisch	Personen	Telefonnr.	Sonstiges

Donnerstag   19. November 2020

Name	Uhrzeit	Tisch	Personen	Telefonnr.	Sonstiges

Freitag   20. November 2020

Name	Uhrzeit	Tisch	Personen	Telefonnr.	Sonstiges

Samstag 21. November 2020

Name	Uhrzeit	Tisch	Personen	Telefonnr.	Sonstiges

Sonntag   22. November 2020

Name	Uhrzeit	Tisch	Personen	Telefonnr.	Sonstiges

Montag   23. November 2020

Name	Uhrzeit	Tisch	Personen	Telefonnr.	Sonstiges

Dienstag 24. November 2020

Name	Uhrzeit	Tisch	Personen	Telefonnr.	Sonstiges

Mittwoch 25. November 2020

Name	Uhrzeit	Tisch	Personen	Telefonnr.	Sonstiges

Donnerstag   26. November 2020

Name	Uhrzeit	Tisch	Personen	Telefonnr.	Sonstiges

Freitag   27. November 2020

Name	Uhrzeit	Tisch	Personen	Telefonnr.	Sonstiges

Samstag   28. November 2020

Name	Uhrzeit	Tisch	Personen	Telefonnr.	Sonstiges

Sonntag   29. November 2020

Name	Uhrzeit	Tisch	Personen	Telefonnr.	Sonstiges

Montag   30. November 2020

Name	Uhrzeit	Tisch	Personen	Telefonnr.	Sonstiges

Dienstag 1. Dezember 2020

Name	Uhrzeit	Tisch	Personen	Telefonnr.	Sonstiges

Mittwoch 2. Dezember 2020

Name	Uhrzeit	Tisch	Personen	Telefonnr.	Sonstiges

Donnerstag   3. Dezember 2020

Name	Uhrzeit	Tisch	Personen	Telefonnr.	Sonstiges

Freitag   4. Dezember 2020

Name	Uhrzeit	Tisch	Personen	Telefonnr.	Sonstiges

Samstag 5. Dezember 2020

Name	Uhrzeit	Tisch	Personen	Telefonnr.	Sonstiges

Sonntag   6. Dezember 2020

Name	Uhrzeit	Tisch	Personen	Telefonnr.	Sonstiges

Montag   7. Dezember 2020

Name	Uhrzeit	Tisch	Personen	Telefonnr.	Sonstiges

Dienstag 8. Dezember 2020

Name	Uhrzeit	Tisch	Personen	Telefonnr.	Sonstiges

Mittwoch 9. Dezember 2020

Name	Uhrzeit	Tisch	Personen	Telefonnr.	Sonstiges

Donnerstag   10. Dezember 2020

Name	Uhrzeit	Tisch	Personen	Telefonnr.	Sonstiges

Freitag   11. Dezember 2020

Name	Uhrzeit	Tisch	Personen	Telefonnr.	Sonstiges

Samstag   12. Dezember 2020

Name	Uhrzeit	Tisch	Personen	Telefonnr.	Sonstiges

Sonntag   13. Dezember 2020

Name	Uhrzeit	Tisch	Personen	Telefonnr.	Sonstiges

Montag   14. Dezember 2020

Name	Uhrzeit	Tisch	Personen	Telefonnr.	Sonstiges

Dienstag 15. Dezember 2020

Name	Uhrzeit	Tisch	Personen	Telefonnr.	Sonstiges

Mittwoch 16. Dezember 2020

Name	Uhrzeit	Tisch	Personen	Telefonnr.	Sonstiges

Donnerstag   17. Dezember 2020

Name	Uhrzeit	Tisch	Personen	Telefonnr.	Sonstiges

Freitag 18. Dezember 2020

Name	Uhrzeit	Tisch	Personen	Telefonnr.	Sonstiges

Samstag 19. Dezember 2020

Name	Uhrzeit	Tisch	Personen	Telefonnr.	Sonstiges

Sonntag   20. Dezember 2020

Name	Uhrzeit	Tisch	Personen	Telefonnr.	Sonstiges

Montag   21. Dezember 2020

Name	Uhrzeit	Tisch	Personen	Telefonnr.	Sonstiges

Dienstag 22. Dezember 2020

Name	Uhrzeit	Tisch	Personen	Telefonnr.	Sonstiges

Mittwoch 23. Dezember 2020

Name	Uhrzeit	Tisch	Personen	Telefonnr.	Sonstiges

Donnerstag 24. Dezember 2020

Name	Uhrzeit	Tisch	Personen	Telefonnr.	Sonstiges

Freitag 25. Dezember 2020

Name	Uhrzeit	Tisch	Personen	Telefonnr.	Sonstiges

Samstag   26. Dezember 2020

Name	Uhrzeit	Tisch	Personen	Telefonnr.	Sonstiges

Sonntag   27. Dezember 2020

Name	Uhrzeit	Tisch	Personen	Telefonnr.	Sonstiges

Montag   28. Dezember 2020

Name	Uhrzeit	Tisch	Personen	Telefonnr.	Sonstiges

Dienstag 29. Dezember 2020

Name	Uhrzeit	Tisch	Personen	Telefonnr.	Sonstiges

Mittwoch 30. Dezember 2020

Name	Uhrzeit	Tisch	Personen	Telefonnr.	Sonstiges

Donnerstag   31. Dezember 2020

Name	Uhrzeit	Tisch	Personen	Telefonnr.	Sonstiges

Impressum:
Ann-Christin Reichelt
Grabenstr. 46
38899 Hasselfelde

www.ingramcontent.com/pod-product-compliance
Lightning Source LLC
Chambersburg PA
CBHW080903170526
45158CB00008B/1972